따개비 한문숙어·6

2023년 5월 12일 초판 17쇄 발행

글·그림 | 오원석
펴낸이 | 우종갑
펴낸곳 | 늘푸른아이들
주소 | 서울시 도봉구 도봉로 137길 55, 202호(쌍문동 한신스마트빌)
전화 | 02-922-3133
팩스 | 02- 6016-9815
홈페이지 | www.greenibook.com
출판등록 | 2002년 9월 5일 제16-2840호

ⓒ 오원석 2002

ISBN 978-89-90406-06-4 77700
ISBN 978-89-90406-08-0(세트)
잘못된 책은 바꾸어 드립니다.
이 책에 실린 내용과 사진을 무단전재와 복제를 금합니다.

KC	품명: 도서	전화번호: 02-922-3133	제조년월: 2023년 5월
	제조국명: 대한민국	제조자명: 늘푸른아이들	
	주소: 서울시 도봉구 도봉로 137길 55, 202호		사용 연령: 10세 이상
*KC마크는 이 제품이 공통성안전기분에 적합하였음을 의미합니다.			

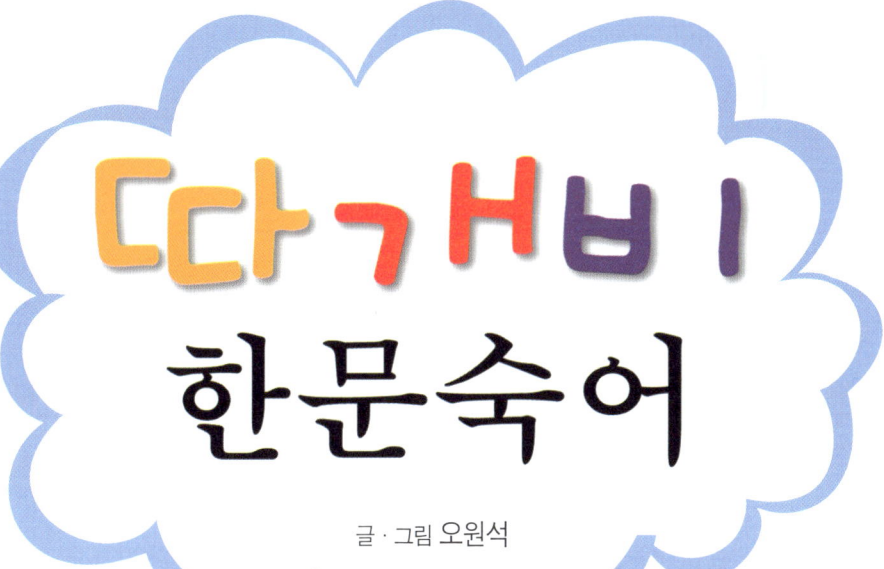

따개비 한문숙어

글·그림 오원석

6

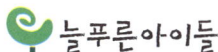
늘푸른아이들

■ 추천사

돌 하나로 네 마리 새를

과자로 지은 집에 살면서 만화로 엮은 책으로 공부를 한다면 얼마나 신나고 재미있을까요. 어린이들은 그런 동화의 나라로 찾아가 살고 싶은 꿈을 지니고 있습니다.

오늘날의 어린이들은 읽을 것과 배울 것이 너무도 많습니다. 어른들은 어린이더러 '내가 어릴 때는 참 공부를 잘했다' 라고 자랑하며 본받으라고 하시지만 그건 어른들이 몰라서 하는 말씀입니다.

왜냐하면 어른들의 어린 시절에는 공부하는 내용이 단조로웠기 때문입니다. 날마다 날마다 놀라운 속도로 발전하는 오늘날에는 새로운 이치와 기술과 정보가 홍수처럼 쏟아지고 공부해야 할 내용도 더 많아지고 복잡해지고 어렵게 되었습니다.

그러므로 이 많은 것을 배우는 데 있어서 알기 쉽고 재미있게 가르쳐 줄 것은 생각지 않으시고 그저 공부하라고만 외치십니다.

그렇습니다. 무거운 공부를 가벼운 마음으로 효과 있게 하는 방법을 어른들은 어린이들을 위하여 생각해 내어야 할 것입니다.

바로 그러한 방법의 하나로 이루어진 것이 소년한국일보와 월간 '학생과학'에 연재되었고, 이번에 책으로 나오게 된 〈따개비 한문 숙어〉입니다. 이 책은 어른들도 어려워하던 한문을 아주 쉽고 재미있게 공부할 수 있도록 엮었습니다.

한문 숙어 가운데 一石二鳥(일석이조)란 글귀가 있습니다. 돌

한 개로 한꺼번에 새 두 마리를 잡는다는 뜻이지요. 바꾸어 말하면 한 가지 일을 하여 두 가지 이익을 본다는 뜻입니다. 이 책을 읽은 어린이들은 一石二鳥(일석이조)가 아니라 一石四鳥(일석사조)의 유익함을 얻게 될 것입니다.

첫째로는 한자 공부가 저절로 되어 머리에 쏙쏙 들어가고, 둘째로는 만화 내용 그대로가 우습고 재치가 있어서 재미를 느낄 수 있습니다.

또 셋째로는 다루어진 소재가 시사적인 것이 많아 세상의 형편을 알 수가 있고, 넷째로는 흥미 있게 공부하는 사이 어린이의 생각이 넓어져서 상식이 풍부해지고 교양 있는 어린이가 되어 그 한문 숙어를 표현하고 활용할 수 있게 되기 때문입니다.

진실로 한문을 모르고서는 말과 글의 깊은 뜻을 알 수가 없고, 날이 갈수록 안타까워짐을 어른들에게 물어 보면 잘 알 수 있을 겁니다. 한문은 우리 조상의 슬기와 겨레의 문화 속에 깊이 괴어 있습니다. 외국어 공부보다 더 먼저 더 많이 해야 할 공부입니다.

이렇게 중요하고 따라서 꼭 배워야 할 한문 숙어를 인기 만화가 오원석 씨가 만화 속에 담아서 쉽게 깨닫고 익히도록 해준 것은 정말 고맙고 반가운 일이 아닐 수 없습니다.

전 소년한국일보 사장 · 색동회 회장 **김수남**

차 례

■추천사 돌 하나로 네 마리 새를 4

계구우후 8	식자우환 52
금란지교 10	심사숙고 54
기사회생 12	안하무인 56
기지사경 14	양상군자 58
독서삼매 16	언감생심 60
동분서주 18	염량세태 62
등하불명 20	오매불망 64
마이동풍 22	온고지신 66
만고풍상 24	왈가왈부 68
모순 26	용호상박 70
문전성시 28	우후죽순 72
미풍양속 30	위편삼절 74
박학다식 32	유비무환 76
백년하청 34	유야무야 78
불문곡직 36	유유상종 80
상전벽해 38	이란격석 82
설왕설래 40	이심전심 84
속수무책 42	이전투구 86
수구초심 44	이하부정관 88
수수방관 46	이합집산 90
순망치한 48	인면수심 92
시기상조 50	인자무적 94

일각여삼추	96	주마간산	140
일낙천금	98	중구난방	142
일도양단	100	지피지기	144
일맥상통	102	진수성찬	146
일목요연	104	진합태산	148
일사천리	106	천려일실	150
일엽지추	108	천방지축	152
일조일석	110	천애지각	154
일편단심	112	천재일우	156
자급자족	114	천차만별	158
자승자박	116	천편일률	160
자업자득	118	침소봉대	162
자포자기	120	표리부동	164
작심삼일	122	풍찬노숙	166
장중보옥	124	피해망상	168
전광석화	126	한강투석	170
전화위복	128	허장성세	172
정중동	130	호사유피	174
조변석개	132	홍로점설	176
족탈불급	134	화무십일홍	178
좌불안석	136	화중지병	180
주경야독	138	황당무계	182

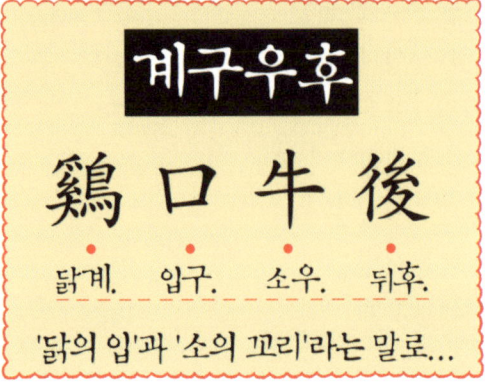

起死回生
기사회생

기사회생
起死回生
일어날기. 죽을사. 돌이킬회. 살생.

죽을 뻔 하다가 도로 살아남.

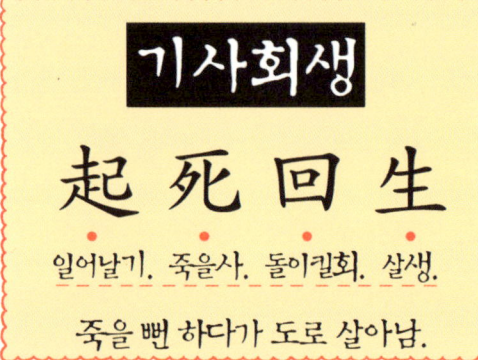

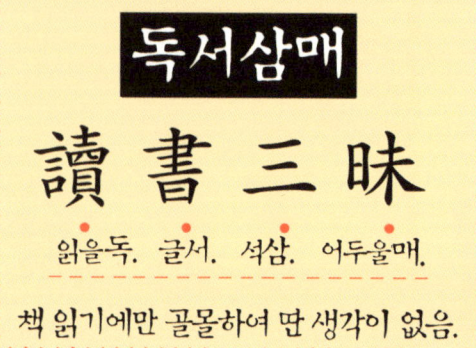

燈下不明
등하불명

등하불명
燈下不明
등불등. 아래하. 아닐불. 밝을명.

등잔 밑이 어둡다의 뜻으로서...

가까이 있는 것이 도리어 알아내기 어려움을 이르는 말.

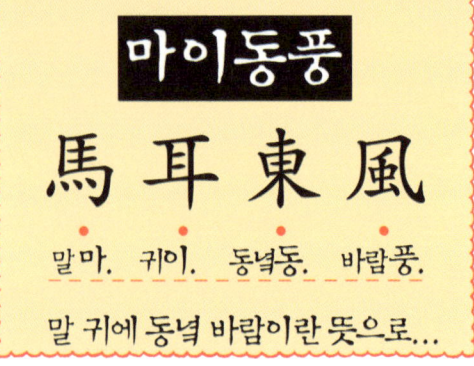

矛盾
모순

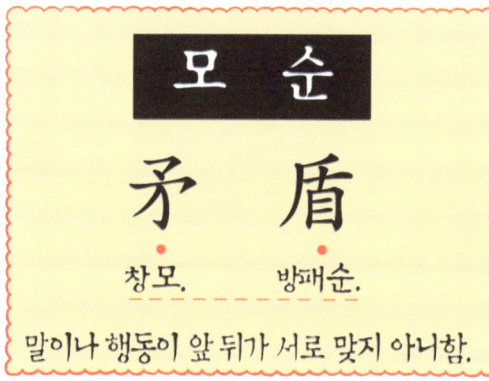

門前成市
문전성시

百 年 河 淸
백년하청

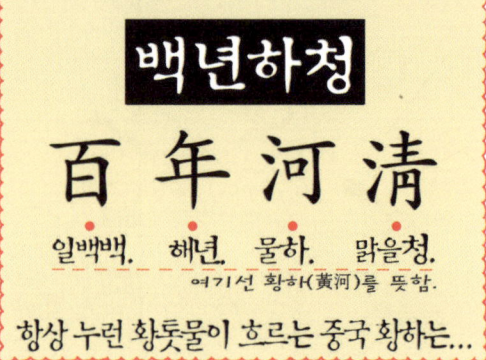

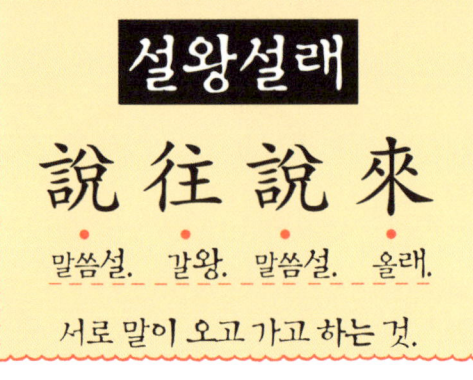

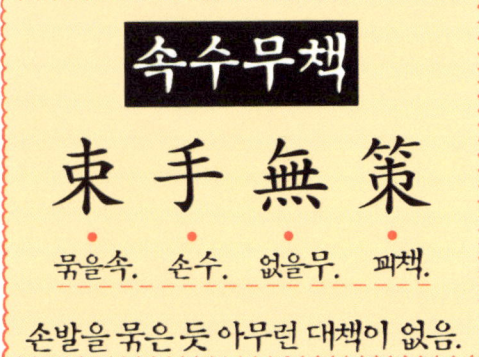 

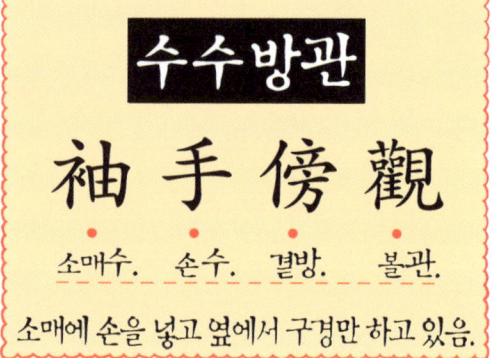

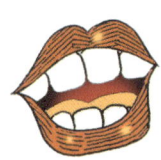

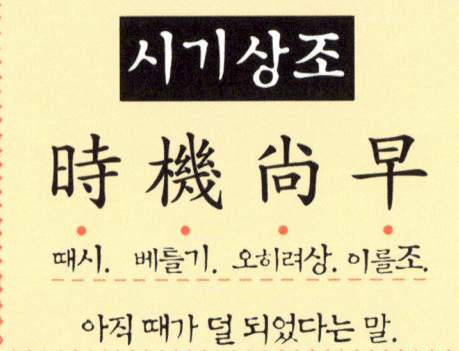

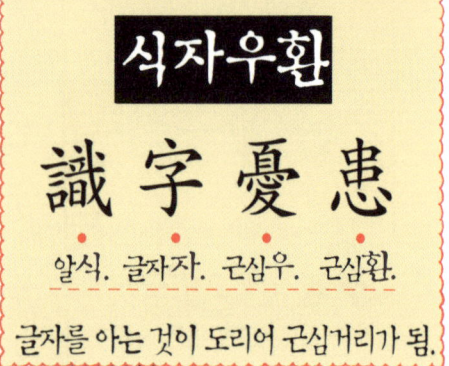

深思熟考
심사숙고

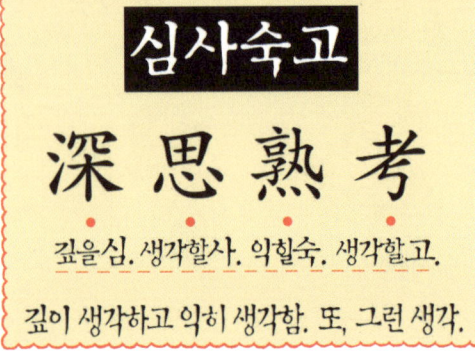

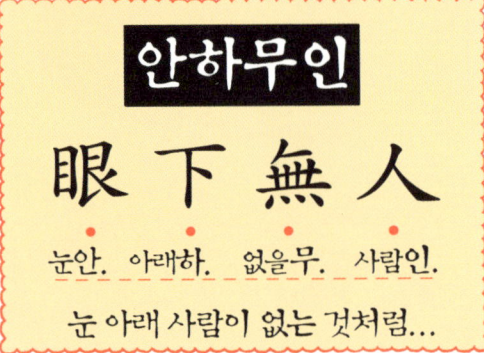

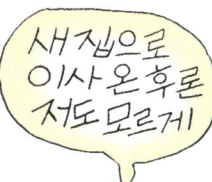

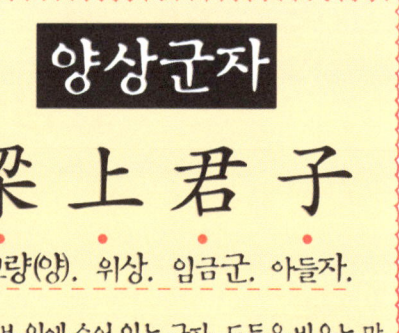

焉敢生心
언감생심

언감생심

焉敢生心
· · · ·
어찌언. 감히감. 날생. 마음심.

감히 그런 생각을 품을 수도 없음.

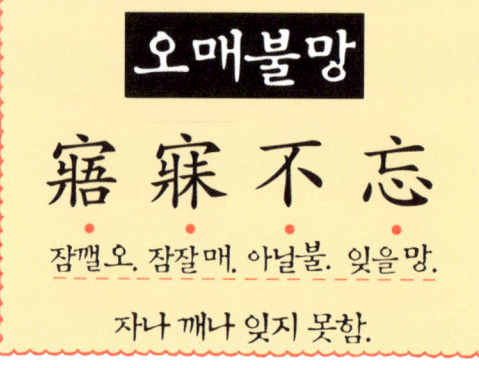

溫 故 知 新
온고지신

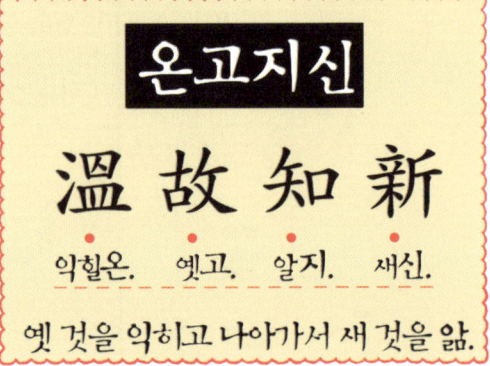

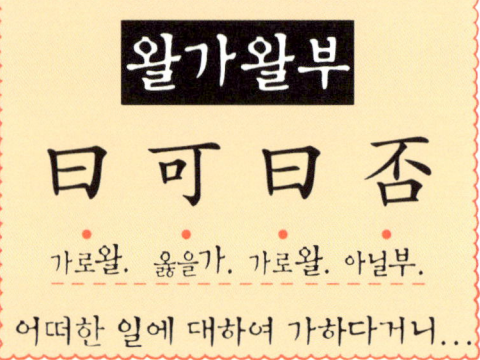

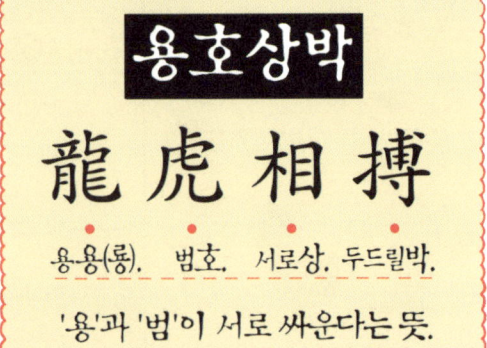

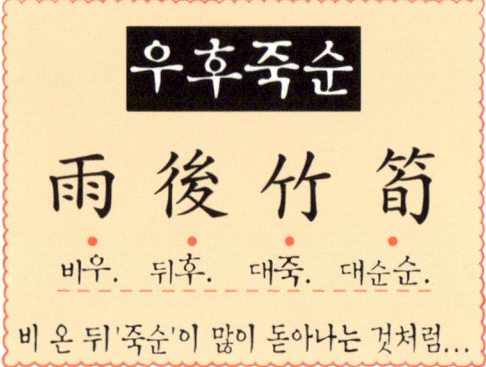

有 備 無 患
유비무환

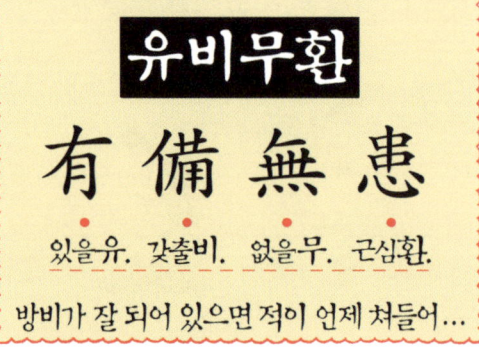

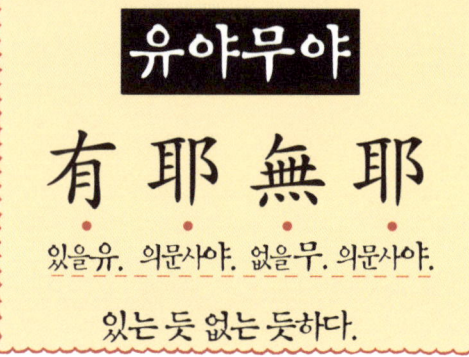

유유상종

類類相從

같을유. 같을유. 서로상. 좇을종.

서로 비슷하여야 상대가 된다.

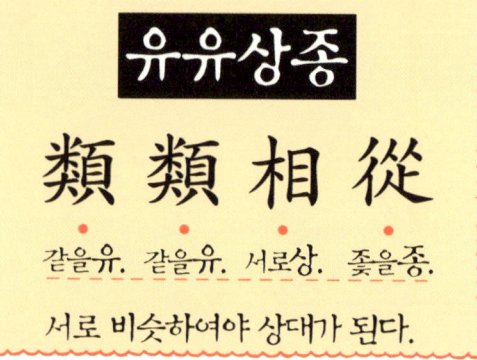

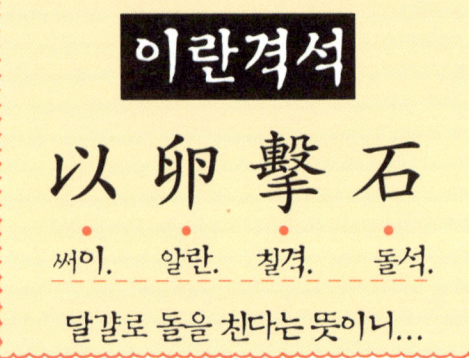

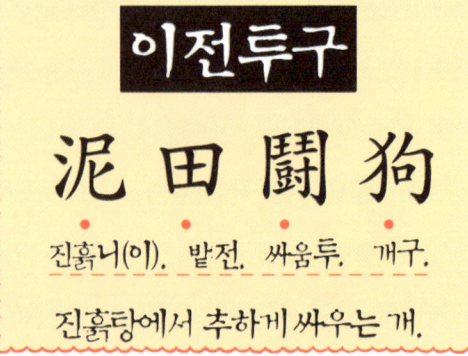

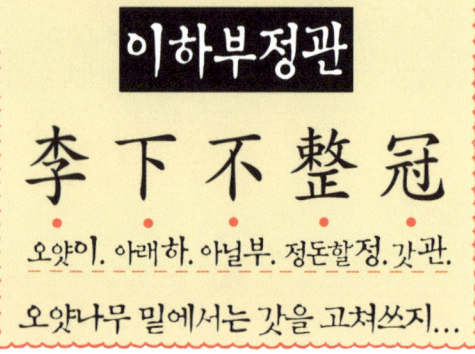

人面獸心
인면수심

인면수심

人面獸心
사람인. 낯면. 짐승수. 마음심.

얼굴은 사람이나 마음은 짐승과 같은 사람.

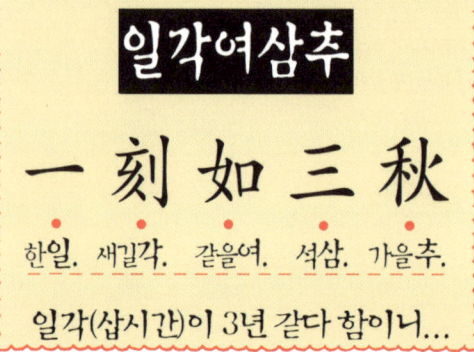

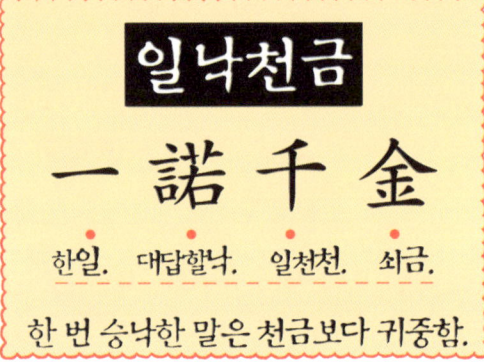

一脈相通
일맥상통

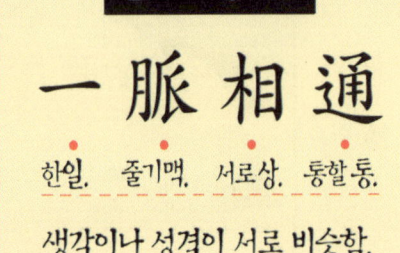

일맥상통

一 脈 相 通

한 일. 줄기 맥. 서로 상. 통할 통.

생각이나 성격이 서로 비슷함.

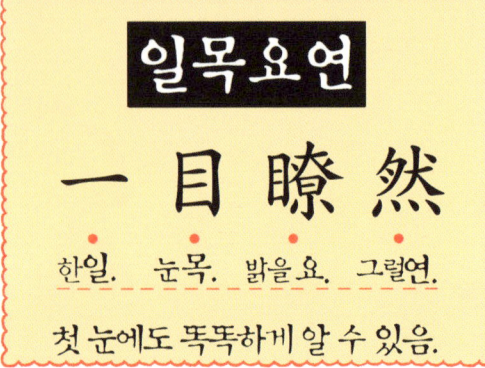

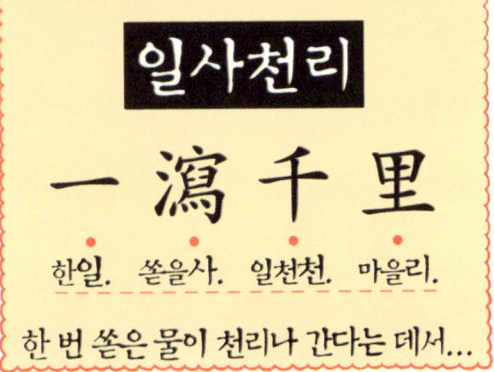

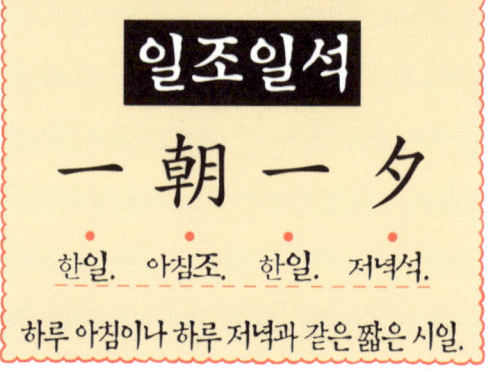

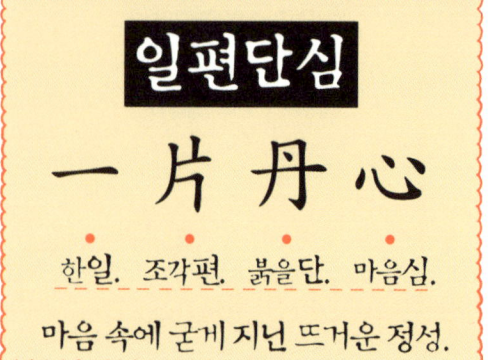

自給自足
자급자족

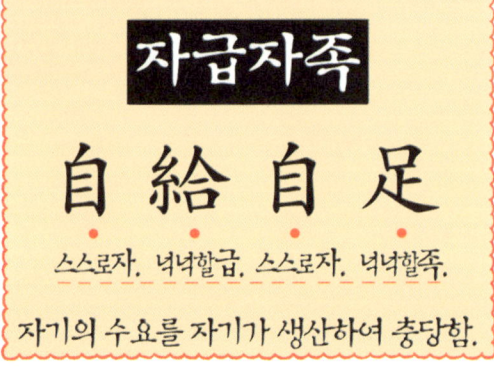

自繩自縛
자승자박

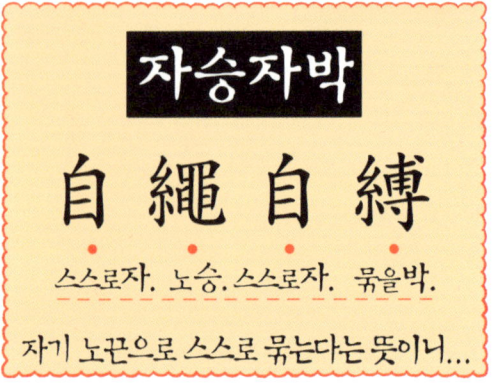

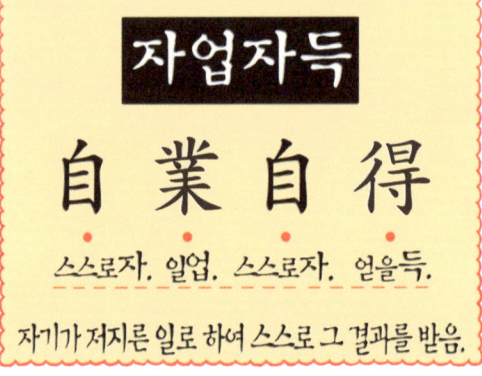

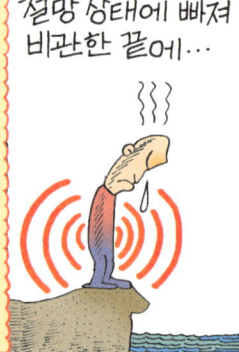

掌中寶玉
장중보옥

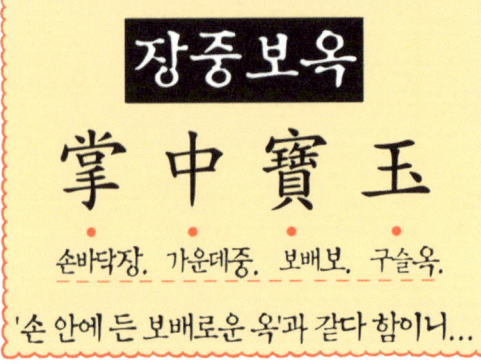

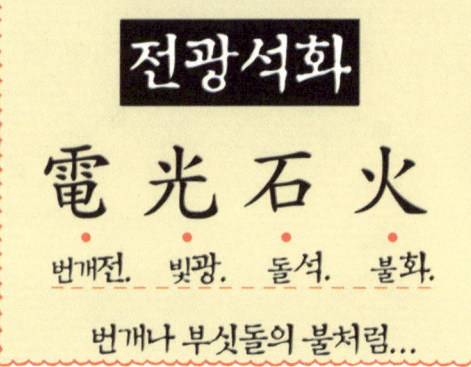

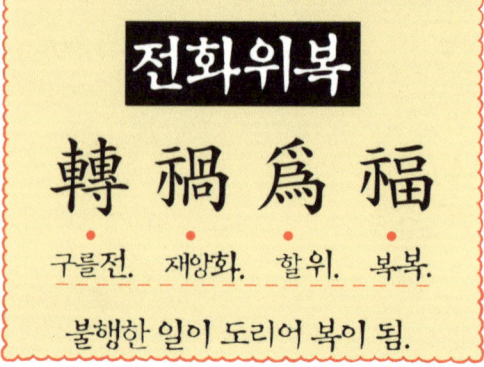

足脫不及
족탈불급

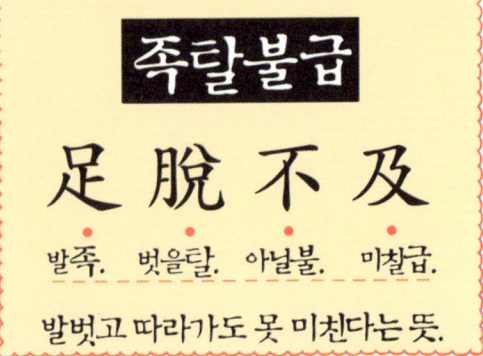

족탈불급

足脫不及
발족. 벗을탈. 아닐불. 미칠급.

발벗고 따라가도 못 미친다는 뜻.

晝耕夜讀
주경야독

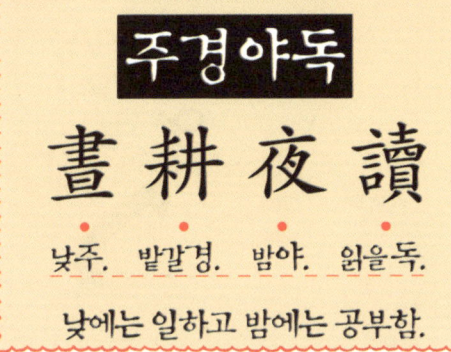

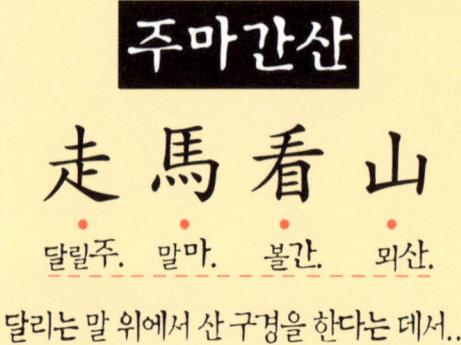

知彼知己
지피지기

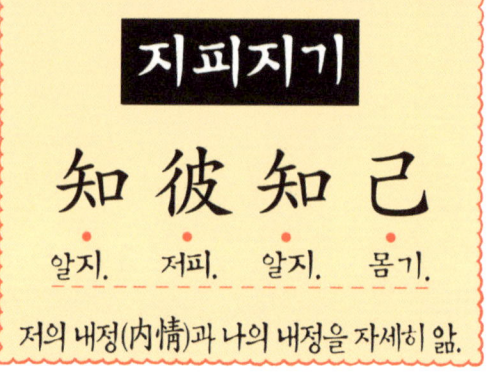

지피지기

知彼知己
알지. 저피. 알지. 몸기.

저의 내정(內情)과 나의 내정을 자세히 앎.

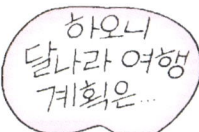

千慮一失
천려일실

천려일실

千慮一失

일천천. 생각려. 한일. 잃을실.

천 번 생각에 한 번 실수.

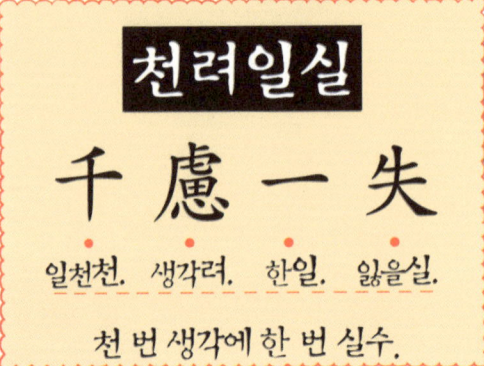

天方地軸
천방지축

천방지축

天 方 地 軸
하늘천. 모방. 땅지. 굴대축.

너무 급하여 두서를 찾지 못하고 허둥댐.

天涯地角
천애지각

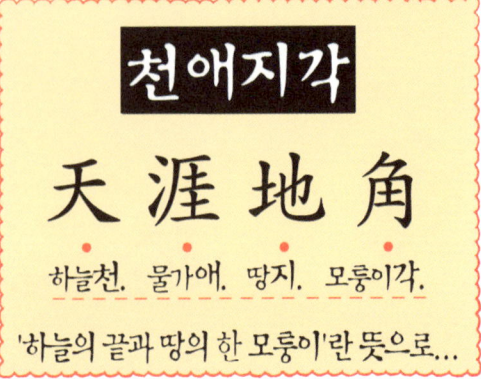

천애지각

天涯地角
하늘천. 물가애. 땅지. 모퉁이각.

'하늘의 끝과 땅의 한 모퉁이'란 뜻으로…

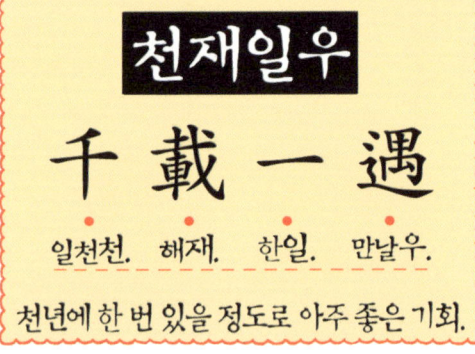

천차만별

千差萬別

일천 천. 견줄 차. 일만 만. 다를 별.

천만 가지의 사물이 다 차이가 나고 구별이 있음.

表裏不同
표리부동

표리부동

表 裏 不 同

겉표. 속리. 아닐부. 같을동.

마음이 음흉하여 겉과 속이 다름.

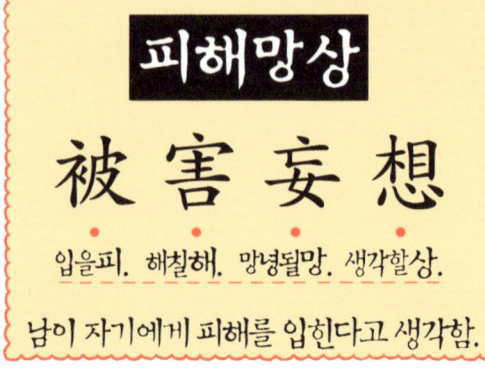

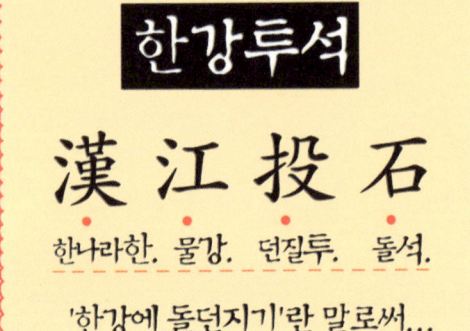

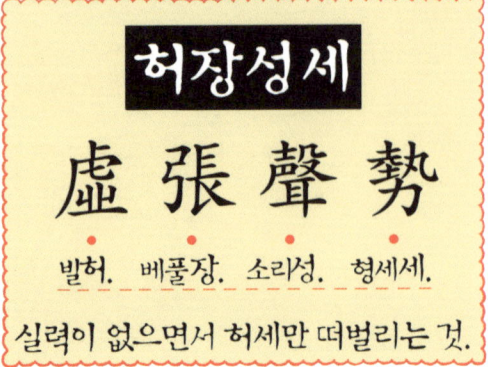

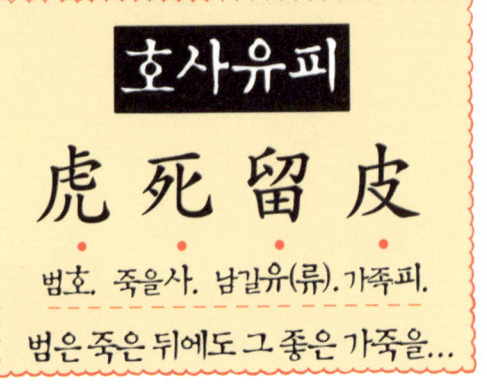

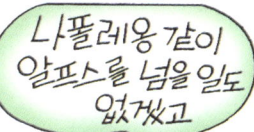

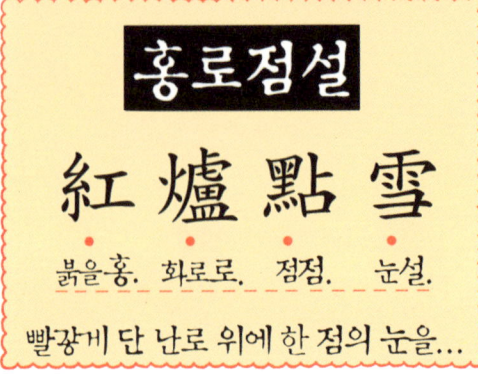

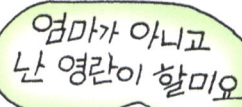

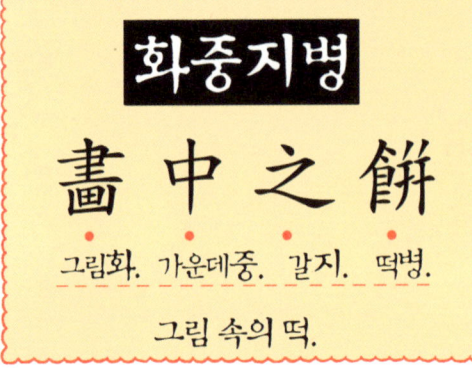

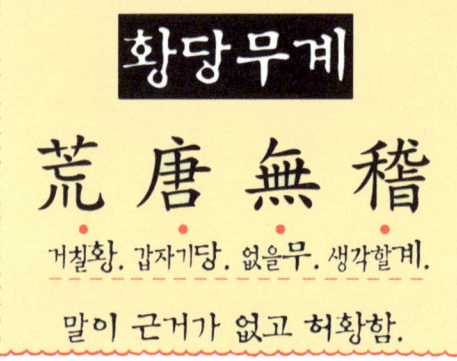